SP : AR-2:3.8/P-0.5
Test # 72520 -SP-

¡vámonos!

Por tren

por Susan Ashley

Reading consultant: Susan Nations, M.Ed., author/literacy coach/consultant

WEEKLY WR READER®
EARLY LEARNING LIBRARY

Please visit our web site at: **www.earlyliteracy.cc**
For a free color catalog describing Weekly Reader® Early Learning Library's
list of high-quality books, call 1-877-445-5824 (USA) or 1-800-387-3178 (Canada).
Weekly Reader® Early Learning Library's fax: (414) 336-0164.

Library of Congress Cataloging-in-Publication Data available upon request from publisher.
Fax (414) 336-0157 for the attention of the Publishing Records Department.

ISBN 0-8368-3737-1 (lib. bdg.)
ISBN 0-8368-3842-4 (softcover)

This edition first published in 2004 by
Weekly Reader® Early Learning Library
330 West Olive Street, Suite 100
Milwaukee, WI 53212 USA

Copyright © 2004 by Weekly Reader® Early Learning Library

Art direction: Tammy Gruenewald
Photo research: Diane Laska-Swanke
Editorial assistant: Erin Widenski
Cover and layout design: Katherine A. Goedheer
Translation: Colleen Coffey and Consuelo Carrillo

Photo credits: Cover, title, pp. 4, 5, 13, 16, 19 © Gary J. Benson; pp. 6, 9, 18 © Kim Karpeles;
p. 7 Map courtesy of Amtrak; p. 8 © Gibson Stock Photography; pp. 10, 12, 20 © Ulrich Tutsch;
p. 11 © Eugene G. Schulz; pp. 14, 15, 17 © Gregg Andersen; p. 21 Courtesy of Transrapid
International-USA, Inc.

Printed in the United States of America

1 2 3 4 5 6 7 8 9 07 06 05 04 03

Sumario

Este tren de pasajeros que se llama "Desert Wind", lleva a la gente a Nevada y California a través del desierto.

Trenes de pasajeros

¿Has viajado en tren? Cada día, en el mundo, los trenes llevan a la gente a donde necesita ir. Los trenes que transportan a las personas se llaman trenes de pasajeros.

Muchas personas toman trenes para ir al trabajo. Los trenes que llevan a los pasajeros de los barrios periféricos a la ciudad se llaman trenes de cercanías. Los trenes de cercanías reducen el tráfico de las carreterras.

Este tren de cercanías se llama el "Metra".
La gente lo toma para ir y volver de Chicago.

El tren de vía elevada de Chicago se llama el "el".

Algunas ciudades grandes tienen trenes subterráneos o trenes de vía elevada que llevan a los viajeros desde un extremo de la ciudad a otro rápidamente. Los trenes subterráneos viajan por túneles debajo de la ciudad. Los trenes de vía elevada viajan por vías elevadas.

Los trenes también pueden llevar a los viajeros a largas distancias. En los Estados Unidos, los trenes de Amtrak llevan a los pasajeros atravéz de todo el país desde una ciudad a otra y desde un estado a otro. Un mapa de ruta indica las paradas de los trenes.

Este mapa de ruta de Amtrak muestra las rutas de los trenes entre las ciudades más grandes de la zona central del país.

El conductor indica a los pasajeros dónde pueden abordar el tren.

Los pasajeros abordan el tren Amtrak en la estación de trenes. Pueden comprar los pasajes en la estación antes de salir. El conductor ayuda a los pasajeros a encontrar los asientos. ¡Cuando el tren está por salir, suena el pito!

Los trenes de largo recorrido tienen coches especiales. Desde los coches de observación se puede mirar el paisaje. En los coches restaurante se sirve la comida en la mesa como en un restaurante. Incluso hay coche-camas para pasar la noche.

Este antiguo coche-salón tiene asientos cómodos donde los pasajeros pueden descansar durante el viaje.

Este tren de alta velocidad acaba de llegar a la estación. Hay muchos trenes de alta velocidad en Europa.

Los trenes más rápidos

Los trenes más veloces del mundo están en Europa y en el Japón. Estos trenes tienen su propia vía para que los otros trenes no los detengan. Las vías tienen pocas curvas para permitir que el tren corra a velocidades más altas. Algunos de estos trenes se llaman "trenes bala".

La forma de estos trenes los ayuda a aumentar la velocidad. Los trenes son aerodinámicos. Los objetos aerodinámicos son angostos y lisos y forman casi una punta en una extremidad. Así se reduce la resistencia al aire y permite que el tren corra muy rápido.

Este tren de alta velocidad del Japón tiene forma aerodinámica. ¡Es tan rápido como se ve!

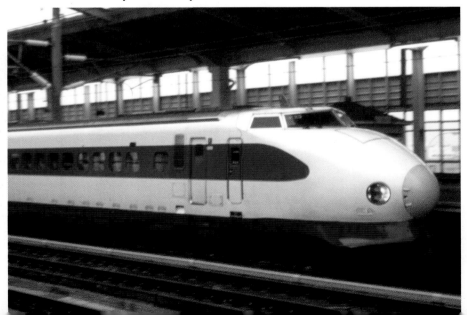

Los trenes TGV de Francia son unos de los trenes más rápidos del mundo.

El tren TGV es un tren de alta velocidad de Francia. Las letras se refieren a tres palabras francesas que significan "tren muy rápido". El TGV corre por la vía a 186 millas por hora (300 km). Los trenes más rápidos de Japón se llaman "trenes bala" por su velocidad y forma.

Los trenes de carga

El tren de carga lleva mercancías en lugar de pasajeros. Muchas de las cosas que tienes en tu casa llegaron alguna vez en tren. Los trenes de carga pueden tener muchos vagones. ¡Algunos tienen más de cien! Hay diferentes tipos de vagones de carga.

Muchas veces los trenes de carga son muy largos. Llevan mercancías de costa a costa y por todo el país.

La mercancía de un vagón de carga se introduce por estas puertas corredizas.

El vagón de carga lleva objetos en cajas, como computadoras o televisores. Parece una caja de acero con puertas corredizas La carga se introduce por estas estas puertas corredizas. La mercancía en el vagón de carga se mantiene seca.

El vagón tolva transporta materiales sueltos como grava o arena. El vagón tolva no está cubierto. El producto se introduce por la parte superior abierta y se descarga por la parte inferior del vagón. Los extremos son inclinados para que el vagón se decargue fácilmente.

El vagón tolva no está cubierto, y los extremos son inclinados.

**Los vagones cisterna son redondos.
Están diseñados para transportar líquidos.**

El vagón cisterna lleva líquidos. Puede
transportar leche o gasolina. Es redondo
y tiene la misma forma de un tanque. Los
vagones cisterna están cubiertos de capas
para mantener el contenido caliente o frío.

Hay muchos tipos de vagones de carga. Los vagones refrigeradores mantienen frescos los vegetales y frutas. Las plataformas especiales no tienen paredes y pueden llevar grandes troncos e incluso tractores. La próxima vez que veas un tren de carga, observa con cuidado los vagones. ¿Puedes imaginarte qué llevan?

La comida fresca se pone en los vagones refrigeradores como éste. Son como tu refrigerador en casa y mantienen la comida fría para que no se dañe.

Este maquinista conduce una locomotora a vapor del año 1923. Él hace que el tren se detenga, siga y cambie de velocidad usando los controles de la locomotora.

La energía del tren

Todos los trenes necesitan energía para funcionar. La mayoría de los trenes son tirados por una locomotora que está localizada adelante del tren. Otros trenes llevan una locomotora atrás para empujar los vagones. El maquinista usa los controles de la locomotora para hacerla funcionar.

Los primeros trenes funcionaban con locomotoras a vapor. Las locomotoras a vapor eran ruidosas y sucias. La mayoría de los trenes hoy funcionan con motores diesel. Algunos trenes de carga son tan largos que requieren más de una locomotora diesel para hacerlos mover.

Este tren tiene una locomotora a vapor.
Trenes como éstos eran comunes hace cien años.

La energía de este tren eléctrico viene del cable que está sobre el tren.

Los trenes eléctricos usan electricidad para hacer funcionar la locomotora. La electricidad viene del cable que está sobre el tren o de un tercer riel paralelo a la vía férrea. Los trenes eléctricos son rápidos y no hacen tanto ruido.

¡Quizá, algún día podamos tomar un tren magnético! Los técnicos siguen pensando en cómo hacer que los trenes sean más rápidos y ahorren más energía.

Algún día, las personas podrán viajar en el tren magnético de alta velocidad que está a prueba en Alemania.

Glosario

aerodinámico — forma lisa y alargada

barrio periférico — una zona fuera de la ciudad

carga — mercancía llevada de un lugar a otro

elevado — levantado a un nivel más alto

inclinado — en declive, en bajada

resistencia — fuerza que hace que algo se detenga

ruta — camino o vía con paradas regulares

Para más información

Libros

Heap, Christine. *Big Books of Trains*. New York: DK Publishing, Inc., 1998.

Hill, Lee Sullivan. *Trains*. Minneapolis: Lerner Publications, 2003.

Simon, Seymour. *Seymour Simon's Book of Trains*. New York: Harper Collins, 2002.

Stille, Darlene. *Freight Trains*. Minneapolis: Compass Point Books, 2002.

Páginas Web

Amtrak Photo Gallery
www.amtrak.com/press/photogallery-copy.html
Fotos de largo recorrido

Rochester Institute of Technology Model Railroad Club
www.ritmrc.org/railroad/paintdiagrams/freight.htm
Fotos de diferentes tipos de vagones de carga

Train Terms
www.bytrain.org/redbarinfo/kids/trainterms.html
Vocabulario relacionado con trenes

Índice